AF563719

EXHORTATION

FAITE le 26 Septembre, dans l'Église des RR. PP. Théatins, lors de la Bénédiction des Drapeaux du Bataillon du District, & le 29, dans l'Église Paroissiale de Chaillot, à l'occasion d'une Assemblée de charité, en présence de M. Bailly, Maire, & de la troupe nationale *du District*,

PAR M. l'Abbé BASTIDE, de la Communauté de Saint-Roch.

AU PROFIT DES PAUVRES.

A PARIS.

De l'Imprimerie de Veuve HÉRISSANT, rue Neuve Notre-Dame.

1789.

EXHORTATION.

Pax vobis!

Que la paix soit avec vous! St. Jean, 20, 26.

C'EST ici sans doute le vœu le plus conforme au besoin de vos ames & à l'intérêt de votre bonheur. Il faut qu'enfin les douceurs du calme consolent des secousses de la tempête, & que l'ordre répare les dégâts de l'Anarchie, il faut que la paix soit avec vous : non, cette paix, qui, née d'une fausse confiance, endort à côté même de l'abîme, & figure le sommeil de la mort; mais cette paix, qui, étant le fruit d'un courage prudent, & d'une patience laborieuse, maintient les puissances de l'ame dans un exercice sans agitation, dans un repos sans inertie; la paix, que Jésus-Christ est venu apporter à la terre, & que tant de passions humaines concourent à nous ravir. Et pourquoi encore des soupçons inquiets, de meurtrières alarmes! N'est-ce pas Dieu qui préside à la destinée des Empires, & qui appesantit sur eux le bras de sa justice, pour les faire participer aux richeſſes inépuiſables de ſa miſéricorde ? Pouvons-nous nous diſſimuler, d'ailleurs, les malheureux effets de nos craintes, de nos méſintelligences, & nos droits à l'eſpérance, au bonheur ? M. F., c'eſt trop détourner nos regards du Ciel, méconnoître la ſource de nos maux, & en repouſſer le remède. Deſcendons enfin dans nos cœurs, pour y introduire avec nous les motifs puiſſans qui doivent y faire régner la confiance, la ſécurité, la paix : *Pax vobis !*

Et voilà les douces & conſolantes idées que j'ai cru devoir vous développer dans ce Diſcours. Miniſtre d'une religion de paix & de charité, au milieu d'un ſacrifice, où Jéſus-Chriſt, agneau pacificateur, s'immole pour donner la vie à des frères, dans un jour ſpécialement deſtiné à incliner vos cœurs vers les œuvres de miſéricorde, à vous attendrir ſur le ſort des pauvres & des malheureux, je viens vous inviter, vous exhorter à l'eſprit de charité, de concorde, de paix... Que n'ai-je les talens de ce digne & vertueux Paſteur, dont vous admirez chaque jour l'éloquence, comme vous recueillez chaque jour les fruits de ſa charité, de ſon zèle ! Mais, que dis-je ? Faut-il donc des talens pour vous annoncer la paix ? Ne ſuffit-il pas ici de parler pour ſe faire entendre, de ſentir pour intéreſſer ! Venez, accourez, vous tous, qui que vous ſoyez, mes Concitoyens, mes Frères ; c'eſt mon cœur qui va s'épancher dans votre cœur ; je vais vous publier l'Évangile de la paix, vous inviter à la paix.....

EH! COMMENT? En fixant d'abord vos regards ſur cet Oracle des Livres Saints : » la » ſageſſe éternelle règle tout avec force, comme » elle diſpoſe tout avec bonté (1). » Oui, M. F., le Politique calcule, le Philoſophe projette, les Peuples agiſſent, & tous ne ſont que les inſtrumens de cet arbitre ſuprême, qui tient, au plus haut des Cieux, les rênes des Empires & la chaîne des événemens. « Ne par» lons plus de haſard ni de fortune, dit élo» quemment Boſſuet, ou parlons-en ſeulement » comme d'un nom, dont nous couvrons notre » ignorance (2). » Tout eſt concerté dans les décrets immuables de Dieu, & nous remarquons que, dans ces pages ſacrées, où l'eſprit-fort nous eſt peint, bravant par ſes blaſphêmes le Dieu qu'il croit ſommeiller ſur ſon trône, il eſt lui-même taxé d'erreur, de délire, de

(1) Sag. 8, 1.

(2) Diſcours ſur l'Hiſtoire-Univerſelle, *à la fin.*

folie ; que sa sagesse est comparée à une ivresse, la hauteur de ses conceptions à un abîme de ténèbres, & l'éclat de sa source vagabonde à celui d'un astre perfide, dont l'irrégularité présage les tempêtes, & traîne à sa suite...... la mort. Ah! que les enfans de l'Évangile soient du moins aussi prudens que les enfans du siècle ; & tandis que les Payens eux-mêmes reconnoissent & adorent un Dieu qui préside à tous les événemens, ne cherchons qu'en lui la cause d'une révolution, qui passe notre intelligence, & qui déconcerte notre sagesse.

« Les crimes de Jérusalem sont montés jusqu'à mon trône, s'écrie le Seigneur par ses » Prophêtes (1), j'ai vu l'impiété, parée du nom » de sagesse, attacher chaque jour à son char » des milliers de victimes, &, fière de ses con- » quêtes, braver insolemment les Cieux : j'ai vu » la mauvaise foi, enhardie par de grands exem- » ples, soutenue par de longues impunités, in- » sulter à la simplicité, à la droiture, & se rire » des malheureux qu'elle a faits : j'ai vu l'arro- » gance accueillie s'élever sur les débris du » mérite ignoré, & la licence effrénée usur- » per les hommages dus à la sainte pudeur : j'ai » vu la balance pencher au gré de l'ignorance,

(1) Isaïe, Jérémie, *sæpius*.

» de l'injustice, & le sanctuaire s'ouvrir à la » voix de l'irréligion, de la cupidité: j'ai vu le » peuple, le plus cher à mon cœur, rompre » mon alliance, oublier, dans une criminelle » apathie, les intérêts de ma gloire, & cette » terre brillante de l'éclat de mes prodiges, des » monumens de ma puissance, perdre son an» tique splendeur: je l'ai vu, & j'ai dit: Sion » ne périra pas, je vais l'ébranler dans ses fon» demens, la réveiller de sa profonde léthar» gie, la punir & la régénérer, l'abattre & la » rappeller à la vie ». *Ego occidam & ego vivere faciam, ego percutiam & ego sanabo* (1).

Mais que nous reste-t-il après cela, M. F., si ce n'est à faire passer dans nos cœurs les sentimens de soumission & de reconnoissance, que nous rappellent les Annales d'un peuple, que Dieu punissoit ainsi dans sa miséricorde, & qu'il sauvoit ainsi par sa puissance. Et quand même il auroit décrété dans sa justice, d'étendre sans pitié sur cet Empire le sceptre de son courroux, que pourroient, hélas! nos plaintes & nos frayeurs!

---

(1) *Judicabit Dominus populum suum, & in servis suis miserabitur; videbit quòd infirmata sit manus, & claudi quoque defecerunt, residuique consumpti sunt, & dicet*, &c. &c. Deuter. 32, 36 & 38.

» Dieu eſt le ſeul puiſſant, le Roi des Rois, le » Seigneur des Seigneurs (1) », & il n'agrée que les hommages de l'obéiſſance, du repentir; mais non, Dieu ne médite pas contre nous des projets de deſtruction; il nous frappe, parce qu'il nous aime; il ſe ſouviendra d'un Royaume, qui a paru, pendant tant de ſiècles, l'objet privilégié de ſes complaiſances, & le principal théâtre de ſa gloire; « il ſe ſouvien- » dra de David, & de ſa douceur (2) »; & après que les mœurs d'Iſraël ſeront régénérées, Jéruſalem ſortira de ſes ruines, « comme l'aſtre » du jour ſort des ombres de la nuit, pour par- » courir, à pas de Géant, ſa carrière, & rem- » plir l'Univers de ſon éclat ».

Sans doute, M. F., mon cœur adopte cette douce eſpérance, mais ce n'eſt pas mon cœur qui me l'inſpire. J'ouvre les Livres Saints, ces dépôts auguſtes des vérités éternelles, j'y apprends que nos péchés forment ſeuls ces nuages effrayans, qui roulent & ſe déchargent enfin ſur nos têtes coupables; que, lorſque le Seigneur veut tirer du tréſor de ſes vengeances le dernier & le plus redoutable de ſes

(1) Timot. VI, 15.

(2) Pſeaume 131.

fléaux, il laiſſe obſcurcir l'or du Sanctuaire, & il livre les peuples au délire de leur fauſſe ſageſſe : j'y apprends que, ſi l'abus du pouvoir eſt dans les Maîtres de la Terre le plus grand des crimes, il attire également ſur eux les plus grands des maux ; que Dieu briſe dans ſa colère les prétentions de l'orgueilleux ; que la proſpérité du méchant s'évanouit comme un ſonge ; qu'un amas de richeſſes n'eſt qu'un tréſor d'amertumes : mes yeux ſe portent dès-lors ſur la ſituation de la France, & la foi qui m'éclaire, me faiſant tomber aux pieds du Dieu juſte, que nos révolutions me découvrent, je lui dis, comme David pénétré du ſouvenir de ſes crimes : « O Dieu ! ne nous traitez pas ſelon les » rigueurs de votre juſtice, mais rendez-vous » propice aux cris de notre douleur (1) ».

Et voilà les ſentimens que le plus religieux Monarque vient de dépoſer dans le ſein de votre vertueux Pontife. Oh ! que les élans d'une foi ſi vive, d'une ſenſibilité ſi profonde, méritoient bien d'avoir les accens de la piété, de la douceur pour interprêtes, & qu'ils doivent faire une impreſſion bien durable ſur vos cœurs ! Mes Frères, c'eſt votre Roi, lui-même, (car ici

---

(1) Pſeaume 102, 8.

la voix du Pontife se confond avec celle du Monarque), c'est votre Roi, lui-même, qui vous invite, à quoi ? Est-ce à l'étayer de vos conseils ? Non : « l'expérience lui a fait con» noître les bornes de la sagesse humaine, il » vous invite à implorer le secours de la divine » Providence, à faire monter vers le Ciel des » vœux unanimes, pour toucher le Dieu de » bonté, & attirer, sur ce Royaume, les béné» dictions qui lui sont, hélas ! si nécessaires (1). »

Vous les connoissez, les suites déplorables de nos défiances & de nos alarmes. Sans doute, je ne veux point rappeler ces scènes d'horreur que la Capitale n'a pu donner que dans un moment d'effervescence, & qu'il faudroit plutôt ensevelir dans un éternel oubli ; mais qu'est devenue cette Cité, si renommée pour sa population immense, l'activité de son commerce, la facilité de ses ressources, la paix de ses foyers ? Les loix y sont sans vigueur, les arts sans vie ; ces atteliers nombreux qui répandoient au loin le bruit & le tumulte, n'offrent plus qu'une triste solitude, je dirai presque que

---

(1) Lettre du Roi aux Arch. & Évêq. du Royaume, & Mandement de Mr. l'Archevêque de Paris à ce sujet.

le ſilence des tombeaux; ces rues que paroiſſoient agiter ſans ceſſe un flux & reflux de Citoyens opulens, d'étrangers avides, d'artiſtes actifs & laborieux, ſont devenues preſque déſertes, on n'y voit plus du moins que de paſſans au front ſoucieux, au viſage triſte; les accens lamentables de la mendicité, ou le bruit des nouvelles déſaſtreuſes y ont ſuccédé à ces chants ſatiryques, ſymboles de notre légéreté, conſolation paſſagère de nos malheurs: le commerce, relégué dans l'intérieur des maiſons, y languit dans une ſtagnation meurtrière: le Traitant y voit frapper de ſtérilité les reſſources qui faiſoient ſon eſpoir, & il tremble d'être enfin enſeveli ſous les ruines d'un crédit ébranlé.

«D'où vient un changement ſi lamentable; » puis-je dire ici, comme St.-Jean Chryſoſtôme » le diſoit d'Antioche? Cette Capitale, jadis ſi » floriſſante, eſt comme le Térébinthe dé» pouillé de ſes feuilles. Rien de plus doux que » la Patrie, & maintenant rien ne nous eſt de» venu plus amer. Nous l'évitons comme une » embuche, nous la fuyons comme un incendie. » Et tandis que des exilés volontaires em» portent avec eux leurs talens & leurs ri» cheſſes, l'image du péril glace le courage d'un

» grand nombre de Concitoyens alarmés (1). »

Hélas! mes Frères, le Royaume lui-même offre-t-il un autre tableau! La discorde échappée de nos foyers le parcourt le poignard à la main, la mort marche devant elle, & le bruit de ses forfaits porte, chaque jour, au loin, l'étonnement & l'effroi. On ne reconnoît plus ce Peuple François, jadis si fameux par sa loyauté, par sa douceur; le caractère national semble altéré, les liens les plus sacrés sont rompus, des rumeurs insensées, des calomnies absurdes suscitent des brigandages affreux, des violences atroces. En vain veut-on, comme le Prophête, « en appeler à la loi, au jugement (2) ». La loi est muette, le jugement est le droit du plus fort. Une cruelle anarchie couvre ainsi de son ombre presque toutes les contrées de ce vaste Empire. Si le commerce, si les arts se voient enlever des mains industrieuses dans les villes, les campagnes sont également privées de bras laborieux. Tout Cultivateur est soldat, les instrumens de l'Agriculture sont changés en instrumens de guerre; la France est dans un état d'incertitude & de crise,

(1) Hom. 2a. ad Popul. Antioch.

(2) Isaï.. 8, 20.

qui ébranle tous ses fondemens. Nous ignorons, hélas! ce que nous sommes ; mais pouvons-nous dissimuler ce que nous devrions être. O mes Concitoyens ! ô mes Frères, au nom de ce Royaume, dont la durée & l'éclat vous étoient, pour ainsi dire, hier, un principe d'orgueil ; au nom de ce Monarque, dont vous admirez les vertus populaires, & dont vous recueillez les bienfaits éclatans ; au nom de votre intérêt personnel, de votre intérêt le plus cher, bannissez les mésintelligences opiniâtres, les soupçons exagérés, les fausses alarmes ; c'est l'unique remède à vos maux ; & ces jours de régénération vont s'éclipser à leur aurore, s'ils ne sont pour vous des jours de confiance & de paix.

Et certes, si transportant tout-à-coup vos esprits sur un autre hémisphère, je vous disois : Il existe loin de nous un état, où l'autorité se conserve sans effort, comme elle s'est établie sans contrainte ; agit avec promptitude, parce qu'elle est nue ; mais sans précipitation, parce qu'elle est assujettie à des loix ; est tout-à-la-fois le plus grand des pouvoirs & la moindre des propriétés, la plus puissante pour faire le bien, & la plus foible pour opprimer, ne domine que pour protéger, ne gouverne que pour faire jouir ; si je vous disois, il existe loin de vous un Etat où tous les sujets ne forment ensemble qu'une seule & même famille, dont le Souverain est le pere commun ; où toutes les volontés n'ont qu'un maître, & c'est la loi ; qu'un but, & c'est le bien de tous : où chaque Citoyen ne devient dépendant que pour être libre, & ne dépose entre les mains d'un seul une partie de ses forces, que pour se trouver tout-à-coup revêtu de la force de tous. — Et si, avant de recueillir l'impression que pourroit faire sur vous cette attrayante image, je vous disois encore, cet Etat, comme les plus beaux monumens, qui se dégradent avec les années ; a contracté des souillures en passant à travers la rouille des siècles ; mais le Monarque, qui le gouverne, met sa gloire à le régénérer, & bientôt il reprendra, comme l'aigle, les forces de sa première jeunesse, la fraîcheur de sa première beauté.... J'en atteste vos cœurs ; vous vous écrieriez, dans un mouvement indélibéré d'émulation & d'enthousiasme : Que ne puis-je vivre dans un tel Empire, devenir le sujet d'un tel Roi ! Eh bien ! mes Frères, vos vœux sont remplis, c'est trait pour trait votre situation que je viens de peindre. Et cependant cet Empire, qui ne devroit renfermer dans son ſein que de ſujets tranquilles & heureux, eſt agité par des guerres inteſtines ; & cependant ce Monarque, ſi digne d'être chéri, j'ai preſque dit, d'être adoré, n'a goûté dans le cours de ſes années que des INSTANS DE BONHEUR ; hélas ! LA POMPE, LES PLAISIRS MÊME DU TRÔNE SE SONT CHANGÉS POUR LUI EN AMERTUMES. Je les ai entendues ces paroles déchirantes, échappées de vos lèvres ; ô mon maître, ô mon Roi ! & les larmes ont auſſi-tôt baigné mon viſage, & les ſanglots ont à l'inſtant preſſé mon cœur. Venez vous-mêmes les entendre, bons François, nos aïeux antiques, vous, dont un tendre ſaiſiſſement rempliſſoit l'ame au nom ſeul de votre Roi ! Que dis-je ? vous avez quitté la France, ne portez plus vos regards ſur elle, elle n'eſt plus digne de vous... Mais, où m'égare la douleur, & que viens-je de prononcer ? Non, non, une fermentation inattendue a pu altérer un inſtant dans nos cœurs le Patriotiſme ; mais elle n'a pu l'y détruire ; nous aimons notre Monarchie, nous aimons notre Roi, & nous ſommes encore dignes de nos aïeux. — Souffrez dès-lors que je vous le demande, mes Frères, pourquoi toutes ces défiances, pourquoi toutes ces alarmes ? Il n'eſt que les ennemis de votre bonheur qui puissent vous les inspirer. « Interrogez, » vous dit le Prophête (1) », interrogez tous les Peuples, parcourez même les Isles de Cethin & de Cedar, & voyez s'il est une Nation que Dieu ait ainsi favorisée dans sa miséricorde. Sans doute, la France offre de grands & d'intolérables abus; mais ne travaille-t-on pas à les réformer, & en est-il un seul qui puisse échapper à tant d'yeux ouverts pour les découvrir, à tant de bras armés pour les détruire? Sans doute, vous êtes faits pour être libres; mais la liberté est-elle donc la licence? N'est-elle pas plutôt la jouissance de ses droits naturels sous l'empire de la loi? Et qu'est-ce donc qu'un Etat où tous ont l'ambition de commander? C'est, répond Bossuet (2), un État où tous sont esclaves. Esclaves? Et ce seroit là que pourroient vous conduire vos efforts pour être libres? Oui, mes Frères; & si vous en voulez la preuve, venez, & voyez ce fier & intrépide Romain, à qui la vertu ne parut enfin qu'une chimère; jetter, en inspirant un amour excessif de la liberté, les fondemens de cette tyrannie, qui

(1) Jérém. 2, 10.
(2) Politiq. tir. de l'Écrit. Sainte, Liv. 1, art. 3.

devoit

devoit écraſer le peuple ſous les Tarquins : Voyez les Céſars eux-mêmes, dans le délire de leur ambition ou de leur foibleſſe, flatter les ſoldats, & préparer ainſi des maîtres à leurs ſucceſſeurs. Et malheur à vous, ſi vous me prêtiez des ſentimens ou des préjugés que je n'ai pas. Dieu m'eſt témoin, que je déteſte le pouvoir arbitraire, & que je donnerois de mon ſang pour en effacer même juſqu'à la penſée ; mais duſſé-je en courir votre diſgrace, je vous dirai : Le Deſpotiſme, tout horrible qu'il eſt, l'eſt encore moins que l'Anarchie, & cette Anarchie eſt le monſtre qui va vous écraſer de ſon poids, ou vous dévorer, ſi vous ne gardez l'unité des ſentimens & des démarches, ſi vous ne travaillez enfin à conquérir la paix.

Car, je puis vous dire ici comme l'Apôtre (1), « J'apprends qu'il y a parmi vous des conteſ-» tations & des diſcordes, & du moins en » partie. Je le crois » ; mais quelle peut donc en être la ſource ? N'êtes-vous pas les enfans du même pere, les Diſciples de la même religion, les dépoſitaires des mêmes promeſſes, les héritiers des mêmes récompenſes ? Et pour en venir à des motifs, peut-être plus ſenſibles,

(1) Corinth. 11, 18.

l'intéret de votre gloire, de votre bonheur, & le ſuccès de vos efforts, ne dépendent-ils pas eſſentiellement de votre union commune ? Ah! je ne vous connois qu'un ennemi vraiement redoutable : la diſcorde. Soyez unis, vous ſerez invincibles, tandis que, d'après la parole de Jéſus-Chriſt, tout Royaume diviſé ſera bientôt détruit (1). »

La paix donc, mes Frères, la paix. La paix avec Dieu. Il a déja voulu que la terre ceſſât d'avoir pour vous des entrailles de fer, & une abondante moiſſon vous offre de quoi vous repoſer ſur l'idée d'un avenir moins ſtérile. Preſſez encore ſa clémence par vos prières & par votre repentir. Continuez à lui préſenter, aux pieds de ſes Autels, l'hommage de votre douleur & de votre confiance. Dites-lui comme Pierre, tremblant ſur les flots : » Maître, » ſauvez-nous (2). » Il commandera aux vents, & le calme ſuccédera enfin à la tempête.

La paix avec vos Concitoyens. Puiſque vous avez le même but, le même intérêt, ayez auſſi le même eſprit, le même cœur. « Tandis » que vous dormez, l'homme ennemi veille

(1) Luc, 11, 18.
(2) Math. 8, 25.

» pour répandre l'ivraie dans le champ du
» père de famille. » Réunissez-vous pour étouffer cette semence dans son germe. Choisissez, comme le dit l'Apôtre, parmi les esprits qui veulent vous éclairer pour vous conduire, ne croyez pas indistinctement à tous ; & sur-tout, que dans un moment où vous vous applaudissez de voir tomber ce mur de séparation qu'avoient élevé les prétentions de l'orgueil & la distinction des privilèges, de misérables prééminences, des décorations puériles ne deviennent point pour vous un principe de rivalité, de discorde.

Enfin, la paix avec vous-même. En vain jouiriez-vous d'une liberté civile, si vous étiez toujours l'esclave de vos passions. C'est ici la plus cruelle des servitudes. Que vous faut-il d'ailleurs pour bannir de votre cœur la crainte, & y porter la sécurité d'une douce confiance ? Est-ce la multitude des Soldats ? Eh bien ! mes Frères, voyez ce corps nombreux, dont tous les membres sont armés pour votre sûreté, pour votre défense. Épars, le premier signal les rassemble ; attachés à leurs travaux, à leurs plaisirs, l'apparence du moindre danger les en arrache : ils parcourent les rues de la Capitale, & le désordre s'enfuit devant eux ; ils protègent les routes publiques, & des chars nombreux amènent des secours pour nous soustraire à la famine : ils veillent à la garde de nos barrières, & ils préviennent l'épuisement total du trésor-public. Nommez un genre de besoin qu'ils ne remplissent, un genre de fatigue auquel ils ne suffisent..

Que faut-il donc pour calmer vos alarmes ? Est-ce des chefs qui justifient vos espérances & qui honorent votre choix ? Je ne parlerai point ici moi-même ; mais j'en appellerai aux sentimens de vénération & d'amour, que la présence de votre premier génie tutélaire vous inspire ; j'en appellerai au profond enthousiasme qui vous dévoue à ce Héros patriote, qui acquiert d'autant plus de droit à la gloire, qu'il veut en avoir moins à la fortune ; j'en appellerai aux hommages de reconnoissance, que vous avez tant de fois rendus à ces Assemblées patriotiques, qui, au milieu de vous, se livrent à des travaux pénibles & sans bornes, à des prévoyances assujettissantes & incalculables, veillent sur vous pendant la nuit, assurent votre subsistance pendant vos fatigues, partout & à tout instant discutent vos intérêts, soutiennent vos droits, écartent vos dangers..
„ O Israel, rassure toi ; l'œil qui, nuit & jour,

» eſt ouvert ſur tes beſoins, ne s'appeſantira, ne ſe fermera pas! *Ecce non dormitabit neque dormiet qui cuſtodit Iſraël* (1).

Que vous dirai-je, enfin, mes Frères? Je fixerai vos regards ſur une reſſource, qui peut devenir elle-même le garant de toutes les autres, & que vous préſente le but de cette auguſte ſolemnité. Vous le ſavez, l'aumône efface la multitude des péchés, comme elle attire ſur la terre les roſées fécondes de la grace. « Donnez, & il vous ſera donné; ſoyez miſéricordieux, & vous obtiendrez miſéricorde. » C'eſt Dieu lui-même qui parle, qui vous donne ſa parole pour garant, & quel moment plus favorable pour acquérir le droit de vous confier en elle! Les beſoins augmentent à meſure que les reſſources diminuent. La ſtagnation du commerce condamne en partie la foule des ouvriers à l'inutilité, comme les révolutions paſſées les avoient en partie arrachés au travail; & cependant que de Concitoyens font circuler, dans des climats étrangers, leurs immenſes richeſſes, & vous rendent ainſi plus étroite l'obligation de conſoler & de ſecourir.

(1) Pſeaume 120, 4.

Les hommes en faveur desquels je réclame d'ailleurs ici vos largesses, sont vos Frères, vos co-opérateurs, ils sont disposés à partager vos soins & vos fatigues, en même temps qu'ils désirent participer à vos largesses. Le Patriotisme parleroit donc ici assez éloquemment pour eux, quand même la charité garderoit le silence; mais, non, la charité ne se tait pas; elle vous invite au contraire, elle vous presse, par les entrailles de la miséricorde de Jésus-Christ, de répandre, aujourd'hui sur-tout, vos dons, d'une main encore plus libérale. AUJOURD'HUI SUR-TOUT, vous car implorez les bénédictions du Seigneur sur cet Empire, & la prière ne devient jamais plus efficace que lorsque l'aumône la précède & lui ouvre la porte du Ciel. Motif bien sublime, sans doute; mais motif sur-tout bien consolant! Quoi, mes Frères, vous êtes Chrétiens, vous êtes François, & vous avez en main l'intérêt du pauvre, aux approches d'un hiver formidable, l'intérêt de la Patrie, dans ces jours de révolution & de crise? Ah! ma confiance ne sera pas vaine, le superflu, le nécessaire lui-même va s'échapper de vos mains charitables, & Dieu sera appaisé, le pauvre secouru, la France régénérée, & vous mêmes en plaçant votre affection là où est véritablement votre trésor ; vous allez mériter, que vos richesses vous introduisent, un jour, dans les Tabernacles éternels !

FIN.

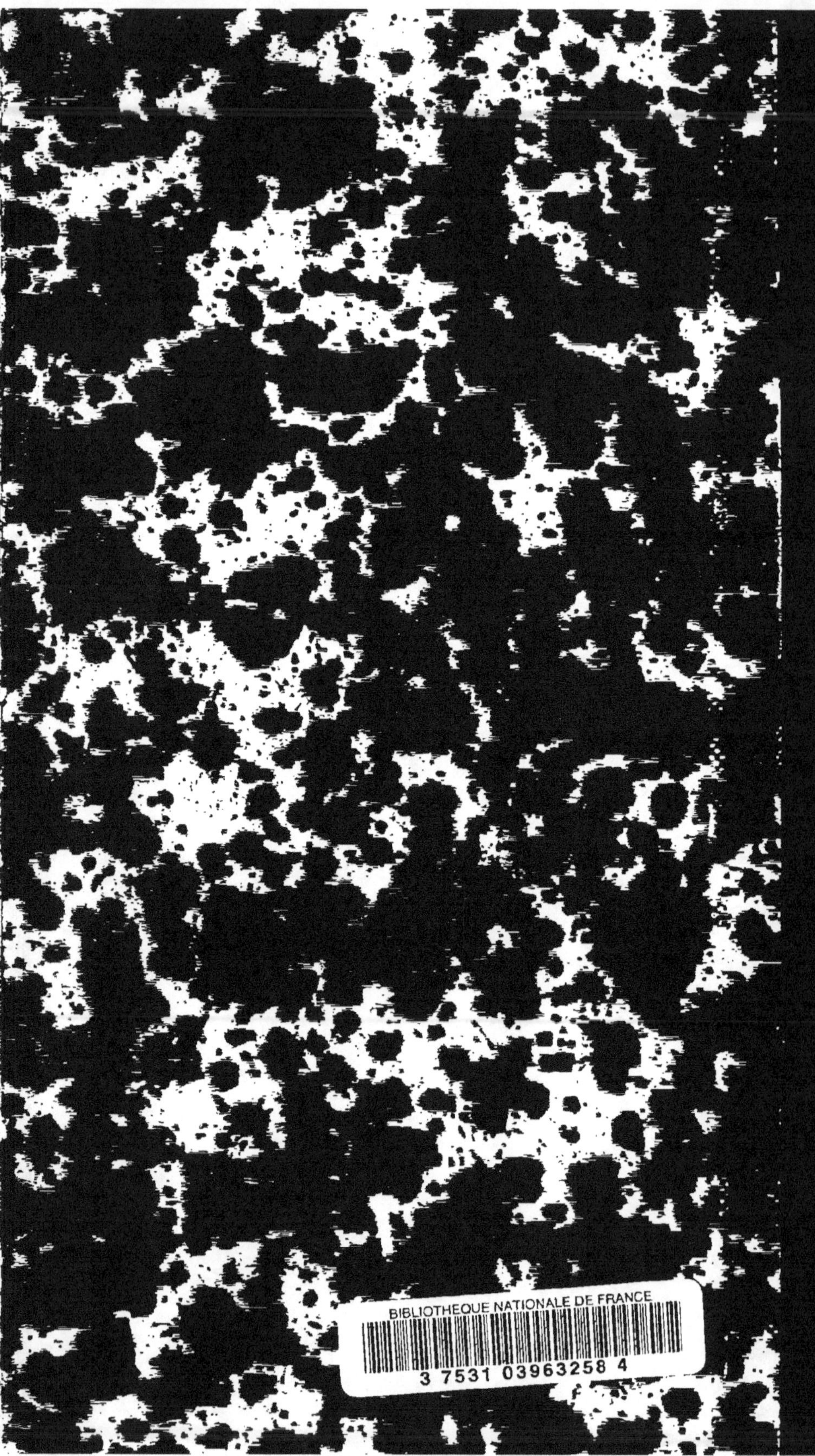

www.ingramcontent.com/pod-product-compliance
Lightning Source LLC
LaVergne TN
LVHW020307230826
846091LV00006B/2574
9782013251136